BEI GRIN MACHT SICH IHR WISSEN BEZAHLT

- Wir veröffentlichen Ihre Hausarbeit,
  Bachelor- und Masterarbeit

- Ihr eigenes eBook und Buch -
  weltweit in allen wichtigen Shops

- Verdienen Sie an jedem Verkauf

Jetzt bei www.GRIN.com hochladen
und kostenlos publizieren

Sebastian Werfel

Ist Politik als Wissenschaft möglich? Analyse der Thesen von Karl Mannheim

GRIN Verlag

Bibliografische Information der Deutschen Nationalbibliothek:

Die Deutsche Bibliothek verzeichnet diese Publikation in der Deutschen National-
bibliografie; detaillierte bibliografische Daten sind im Internet über http://dnb.d-
nb.de/ abrufbar.

Dieses Werk sowie alle darin enthaltenen einzelnen Beiträge und Abbildungen
sind urheberrechtlich geschützt. Jede Verwertung, die nicht ausdrücklich vom
Urheberrechtsschutz zugelassen ist, bedarf der vorherigen Zustimmung des Verla-
ges. Das gilt insbesondere für Vervielfältigungen, Bearbeitungen, Übersetzungen,
Mikroverfilmungen, Auswertungen durch Datenbanken und für die Einspeicherung
und Verarbeitung in elektronische Systeme. Alle Rechte, auch die des auszugsweisen
Nachdrucks, der fotomechanischen Wiedergabe (einschließlich Mikrokopie) sowie
der Auswertung durch Datenbanken oder ähnliche Einrichtungen, vorbehalten.

Impressum:

Copyright © 2010 GRIN Verlag GmbH
Druck und Bindung: Books on Demand GmbH, Norderstedt Germany
ISBN: 978-3-656-86833-0

Dieses Buch bei GRIN:

http://www.grin.com/de/e-book/286546/ist-politik-als-wissenschaft-moeglich-analyse-
der-thesen-von-karl-mannheim

GRIN - Your knowledge has value

Der GRIN Verlag publiziert seit 1998 wissenschaftliche Arbeiten von Studenten, Hochschullehrern und anderen Akademikern als eBook und gedrucktes Buch. Die Verlagswebsite www.grin.com ist die ideale Plattform zur Veröffentlichung von Hausarbeiten, Abschlussarbeiten, wissenschaftlichen Aufsätzen, Dissertationen und Fachbüchern.

Besuchen Sie uns im Internet:

http://www.grin.com/

http://www.facebook.com/grincom

http://www.twitter.com/grin_com

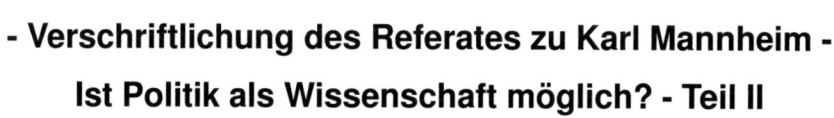

- Verschriftlichung des Referates zu Karl Mannheim -
Ist Politik als Wissenschaft möglich? - Teil II

Technische Universität Darmstadt

Hauptseminar im Fach Soziologie

Name: Sebastian Werfel

Abgabedatum der Arbeit: 31.08.2010

Inhaltsverzeichnis

1 Einleitung

Die Frage, ob Politik als Wissenschaft grundsätzlich möglich sei, ist nicht ohne Weiteres zu beantworten. Wie in vielen anderen soziologischen Sichtweisen, spielen auch bei der Politik als mögliche Wissenschaft nach Mannheim diverse Einflussfaktoren eine Rolle, welche berücksichtigt werden müssen. Unter der Politik versteht Mannheim das Ausnutzen von sozialen Räume. In unserer stark rationalisierten Gesellschaft gibt es Räume, welche sich in einem stetigen Wandel befinden. Ein solcher Raum ist für Mannheim die Politik, welche von irrationalen Spielräumen unserer Gesellschaft lebt. Die sich in der Gesellschaft abspielenden Dinge sind im Werden begriffen, welche zu keinem Zeitpunkt planbar sind. Doch weshalb soll in dieser Hausarbeit, die Politik als Wissenschaft hinterfragt werden, wenn sie doch als solche schon lange existent ist? Sehr wichtig scheint hierbei bereits die Trennung zwischen den Politikwissenschaftlern, die sich hauptsächlich mit den Interaktionen zwischen den Parteien, den Organisationen, den Verbrauchern und Unternehmen auseinandersetzen und die Unterscheidung zum reinen Politiker, welcher die Politik als solche aktiv mitgestaltet. Es ist immer noch sehr fraglich, welche Fragen mit der Politik als Wissenschaft überhaupt untersucht und dargestellt werden können. Die Politik befindet sich in einem permanenten Spannungsfeld zwischen gesellschaftlichen und ökonomischen Zwängen. Diese Zwänge bilden den Mittelpunkt des menschlichen Seins. Die daraus resultierende Komplexität der vorherrschenden Zwänge, kann es der Politik sehr schwer machen, sich den Interessen der Gesamtheit zu unterstellen. Die Wissenschaft sollte wertfrei sein, die Politik ist jedoch stets wertegeleitet. Wie genau sich dieser Aspekt auf die oben gestellte Fragestellung auswirkt, soll anhand der gewonnenen Erkenntnisse von Karl Mannheim aufgezeigt werden. Die Verknüpfung von differenzierten Denkstilen spielt in dieser Hausarbeit eine zentrale Rolle. Denn nur mit ihr können Kompromisse und neue Erkenntnisse erörtert werden. Das politische Wissen kann somit neu definiert und gestaltet werden. Die Frage nach der Erlaubnis der Ausführung des synthetisierten Wissens einer zugehörigen Gruppe und die Gestaltung eines auf   speziellen Eigenschaften beruhenden politischen Wissens kann mit kombinierten Denkstilen gelöst werden. Desweiteren gilt es zu beweisen, ob die von Mannheim mitgeprägte Wissenssoziologie, auf die von Ideologien angesprochenen Probleme einwirkt und dadurch zur politischen

Orientierung beiträgt.

2 Das Problem der gleichzeitigen Verknüpfung von differenzierten Denkstilen

Karl Mannheim stellte in seinem Werk "Utopie und Ideologie" die Hypothese auf, dass man unterschiedliche Denkstile miteinander verknüpfen kann, um somit eine gemeinsame Grundbasis für das eigentliche soziale Denken und Handeln zu finden. Wenn wir in diesem Fall von den theistischen und historischen Denkansätzen ausgehen, ist es nicht besonders schwierig zu erkennen, dass die gegenseitige Verknüpfung von den differenzierten Denkbasen als nahezu unmöglich angesehen werden kann. Obwohl die Denkbasen scheinbar voneinander divergieren, gibt es sowohl im Historismus als auch im Theismus Elemente und Denkinhalte, welche durchaus von der Ansicht des jeweiligen Denkstiles übereinstimmen, als auch aufeinander abgestimmt sind. Karl Marx versuchte beispielsweise das liberal-bürgerliche Denken mit dem Historismus hegelscher Spielart zu verbinden, welcher selbst konservativen Impulsen entsprang. Um eine gemeinsame Grundbasis des vereinten Denkstiles zu finden, ist es deshalb von größter Bedeutung einen Impuls von Anfang an zu generieren. In der Religion wird versucht, unabhängig von der jeweiligen konfessionellen Auffassung, wie auch in der Politik, ein Bestreben an den Tage zu legen, eine möglichst einheitliche weltanschauliche Denkweise herauszubilden. Auch im Laufe des Historismus kann man unterschiedliche Gruppierungen den einzelnen Epochen zuordnen, welche sich auf gemeinsame Wurzeln bezogen und eine gemeinsame Einstellung zur Welt anstrebten. Nach Mannheim wird Politik als Wissenschaft erst möglich, wenn die unterschiedlichen Aspekte und Theorien nicht als unendlich bzw. als willkürlich angesehen werden, sondern als einander ergänzende Bedingungen (vgl. Mannheim 1995, S.129). Gelingt eine solche Synthese von unterschiedlichen Aspekten und Theorien, so ergeben sich neue Problematiken. Wer sollte demnach berechtigt sein, zwei unterschiedliche Denkstile in sich zu vereinen und nach außen zu repräsentieren, wenn man bedenkt, dass eine Trägereinheit stets aus politischer und sozialer Sicht korrekt handeln sollte. Es ist einleuchtend, dass der Voluntarismus einer Person aus dem Auge verloren gehen kann und er lediglich eine Marionette, welche nach außen stets präsent ist, eines übergeordneten Parteiwillens darstellt. Jedoch ist die Gefahr gegeben, dass die Fäden von einer übergeordneten Institution nach freiem Belieben fest gezogen und gelockert werden können. Der Wille des Einzelnen kann in einer vorgegebenen Gruppennorm untergehen, sodass es fraglich ist, ob eine Verknüpfung von unterschiedlichen Denkstilen aus ethischer und moralischer Sicht überhaupt geduldet werden kann.

3 Die Synthese von Denkstilen

3.1 Die Schicht der freischwebenden Intelligenz

Das Problem des Trägers zweier unterschiedlicher Denkstile ist nach wie vor sehr aktuell, weshalb noch näher erörtert werden muss, wer nun eigentlich berechtigt ist, der Träger dieser Synthese zu sein. Es ist fraglich, inwiefern ein solcher Synthesenträger bereits im sozialen, als auch im politischen Raum integriert ist. Mannheim hinterfragt diese Gegebenheit folgendermaßen: "Welches politische Wollen wird die Synthese als Aufgabe übernehmen, wer kann sie im sozialen Raume erstreben?" (Mannheim 1995, S. 134). Nimmt man die sozialen Schichten genauer unter die Lupe, so ist es auch auffällig, dass einem Verknüpfungswillen stets eine eindeutige Schicht der Geschichte zugeordnet werden kann. Nach Mannheims Auffassung ist dies die Mittelschicht. Sie fühlt sich seiner Ansicht nach stets Zwängen von der Unterschicht und der Oberschicht ausgesetzt und muss deshalb den Willen haben, zwischen diesen beiden Extrempolen zu handeln. Um eine mögliche Bedrohung beider Schichten auszuschließen, ist die mittlere Schicht darauf angewiesen, ihre eigenen Denkstile zu hinterfragen und mit den Auffassungen der anderen Schichten zu vergleichen, um eine soziale Absicherung zu erreichen. Bezüglich der Vermittlung zwischen den Schichten wird laut Mannheim eine statische und dynamische Gestalt unterschieden. Die Zuordnung zu einer Ausprägung hängt hierbei von der eigenen sozialen Lagerung ab. Die statische Gestalt spiegelt sich beispielsweise in den französischen emporgekommenen Bürgertum wieder. Das französische emporgekommene Bürgertum zeichnet sich durch eine immense Kapitalanhäufung aus, deshalb geht von dieser Schicht nicht die eigentliche Intension aus, sich mit anderen Schichten auseinanderzusetzen und Synthesen in gemeinsamen Aspekten, als auch ähnlichen Theorien zu suchen. Die sozial abgesicherte Situation und die

Vermeidung der Bedrohung des eigenen Kapitals, lassen das französische emporgekommene Bürgertum lediglich in einer rein statischen Gestalt erstrahlen. Eine dynamische Schicht zeichnet sich durch einen stetigen Wandel aus, sowohl im räumlichen, als auch im zeitlichen Sinn. Karl Mannheim bezeichnet diese Schicht, in Alfred Webers Terminologie gesprochen, als sozial freischwebende Intelligenz (vgl. Mannheim 1995, S. 135). Die wichtigste Eigenschaft der sozial freischwebenden Intelligenz scheint die relativ klassenlose, nicht eindeutig festgelegte Schichtzugehörigkeit im sozialen Raume zu sein. Eine Mitgliedschaft bei dieser dynamischen Gestalt ist jedem Denker freigestellt. Jedoch versteht man unter der freischwebenden Intelligenz auch eine gewisse Anzahl von Menschen, welche man mit diesem Schichtbegriff in Verbindung bringen könnte. Unterstützt wird diese Meinung von dem Fakt, dass unsere Gesellschaft lediglich ihr Wissen als Rentnerintelligenz bezeichnen kann, die von einem industriellen Leihkapital lebt. Der ausschlaggebenste Fakt gegen eine Bezeichnung der sozialen freischwebenden Intelligenz als Schicht ist nach Mannheim, dass diese dynamische Form direkt von Verschiebungen im historischen und sozialen Raum betroffen ist. Die Verschiebungen können sich günstig, als auch ungünstig auf die sozial freischwebende Intelligenz auswirken. Bei den klassischen Schichten wird bei einer historischen bzw. sozialen Verschiebung entweder eine günstige, oder eine ungünstige Variante erschlossen. Man kann festhalten, dass die Form der freischwebenden Intelligenz nicht als eine feste Schicht definiert werden kann, weil sie sich in ihrer Struktur stets verändert und sowohl von positiven als auch von negativen Veränderungen im sozialen Raum profitieren kann. Sie bildet eine klassenmäßige Mitte, in welcher Mitglieder von den verschiedensten Schichten zur Geltung kommen können. Je höher die Beteiligung von Mitgliedern der unterschiedlichsten Schichten ist, desto universeller werden die Tendenzen der Bildungsebene und desto größer wird die Vereinigung von unterschiedlichen sozialen Impulsen. Mannheim beschreibt dieses Phänomen mit den Worten: "Der Einzelne nimmt dann mehr oder minder an der Gesamtheit der sich bekämpfenden Tendenzen teil" (Mannheim 1995, S. 137). Es ergeben sich zwei Möglichkeiten für die sozial freischwebende Intelligenz. Ihre Mitglieder wählen den freien Weg des Anschlusses an die sich bekämpfenden Klassen oder sie wählen den Weg des Sich Besinnens auf die eigene Person, sodass sie zu einer Art Stellvertreter der geistigen Interessen der Gesamtheit heranreifen. Der erste Weg ist für die Mitglieder nur möglich, weil sie sich durch ihre Bildung und ihre Position in jede beliebige Klasse mühelos hineinfühlen und hineindenken können. Die Vertreter einer eindeutig definierten Klasse können diesen Status nicht erreichen, da sie nicht in der Lage sind über ihre feste soziale Bindung hinaus zu handeln. Das verfolgte Ziel des ersten Weges der freischwebenden Intelligenz kann nur unter einem Aufzwingen der eigenen Meinung verstanden werden. Unter der Berücksichtigung des Aspektes, dass mit diesem Verhalten ein Misstrauen unter den Angehörigen einer festen Schicht geschürt wird, soll die sozial freischwebende Intelligenz als Vermittler zwischen den Schichten fungieren. Der zweite Weg versteht die eigene Bewusstmachung der sozialen Position und der daraus folgenden Mission. Nach Mannheim sollte eine bewusste Orientierung im sozialen Raum unter der Berücksichtigung des geistigen Elementes erfolgen (vgl. Mannheim 1995, S. 139). Zusammenfassend lässt sich festhalten, dass ausschließlich in der sozial freischwebenden Intelligenz ein gegenseitiges Durchdringen von geistigen Ansätzen möglich wird. Durch die Individuen unterschiedlichster Herkunft und ihren differenzierten Denkweisen wird ein Fundament für die immer von neuem vorzunehmende Synthese geschaffen.

3.2 Der Missbrauch eines gemeinsamen etablierten Parteiwillens

Nicht nur in der sozial freischwebenden Intelligenz, sondern vor allen in den nach außen fest abgegrenzten Parteien, ist die Möglichkeit des Missbrauches eines gemeinsam etablierten Parteiwillens gegeben. Mannheim beschreibt diesen Sachverhalt mit der Gefahr, dass "man den bisher stets betonten Voluntarismus des politischen Denkens aus dem Auge verliert und die jeweilige Synthese einem angeblich übergesellschaftlichen Subjekt überläßt" (Mannheim 1995, S. 134). Der Wille der Partei ist in den Köpfen der Einzelnen stets präsent, sodass die gemeinsame Synthese innerhalb einer Partei auch von fest bestimmten sozialen Kräften getragen wird. Dieser Wille wird allerdings von Schichten mit einer eindeutigen Klassenlage gebildet, in welchen eine politische Entscheidung bereits vorgegeben ist. Im Gegensatz zu dieser vorgegebenen Entscheidung steht die sozial freischwebende Intelligenz, die durch den viel breiteren sozialen Spielraum ein größeres Verlangen nach einer gemeinsamen Gesinnungs- und Gesamtorientierung verspürt. Es wird nach Mannheim eine Synthese von politischer Entscheidung mit vorangegangener Gesamtorientierung in der freischwebenden Intelligenz erstrebt. Die sozial freischwebende Intelligenz bildet ein Forum außerhalb der voreingenommenen Parteischulen, in welchem die Meinung des Einzelnen berücksichtigt wird und zugleich das Interesse für das jeweilige Ganze bewahrt bleibt. Geht man davon aus, dass in geraumer Zeit die Anzahl der Parteien sich erhöhen wird, so ist damit auch eine Entstehung von neuen Parteischulen verbunden. In diesen kommt es zu der Züchtung eines vorgegebenen Parteiwillens. Die Bewahrung des Blickes und des Interesses für das jeweilige Ganze muss also erhalten bleiben, damit der Missbrauch eines Parteiwillens nicht zur Geltung kommen kann.

3.3 Das Verständnis politischer Soziologie

Eine politische Soziologie ist nach Mannheim von Nöten, welche den Weg zu der Entscheidung eines Parteiwillens bereiten möchte und den Missbrauch durch einen Parteiwillen vorbeugen kann. Die Strukturen eines einheitlich generierten Parteiwillens, welcher sozial gebunden ist, können mithilfe der politischen Soziologie offengelegt werden. Max Weber bezog sich ebenfalls auf die Aufgaben einer politischen Soziologie. Seiner Ansicht nach bleibt die Erschaffung einer gemeinsamen Plattform für die Erforschung des politischen Feldes ein immer wieder zu erstrebendes Ziel. Wenn man ein politisches Ziel vor Augen hat, sollte man dieses seiner Meinung nach aus der Perspektive des politischen Menschen verfolgen. Die eigentliche Umsetzung dieses Zieles kann nur mit der Interaktion in der Gesamtgesellschaft erreicht werden (vgl. Mannheim 1995, S.152). Die Politik kann als Wissenschaft nicht in der Lage sein, die Willensentscheidungen des Einzelnen zu lehren, nachdem erörtert wurde, dass politischer Wille stets von einem Kollektiv geprägt ist, welches ein übergeordnetes Subjekt des Vertreters darstellt. Die Politik als existierende Form in der Wirklichkeit würde mit der Lehre über die verschiedenen Willensentscheidungen ihren nach Mannheim erstrebten wissenschaftlichen Charakter von Anfang an verwerfen. Im Gegenteil sollen mit der politischen Soziologie nur Dinge gelehrt werden, welche an sich als lehrbar angesehen werden. Zu diesen gehören nach Mannheim: "die Strukturzusammenhänge, nicht aber die Entscheidungen, die man nicht lehren, sondern in adäquater Weise nur bewußt machen und läutern kann" (Zit. Mannheim 1995, S.143). Robert Michels zeigte anhand von empirisch erforschbaren politischen Institutionen - wie Wahlen, alternativen Elitenbildungen und Prozessen der Machtbildung - wie wichtig diese für die Definition einer politischen Soziologie sein können. Die Theorie der Klassenbildung und des Klassenkonfliktes hat zu einer breit gefächerten Literatur Anlass gegeben. Sie ist die Grundbasis der politischen Soziologie, welche politische Aktionen und Organisationen versucht auf soziale Interessen zurückzuführen (Vgl. Kaesler 2003, S. 70).

4 Über die Eigenart politischen Wissens

Karl Mannheims Überlegungen zur Synthese von unterschiedlichen Denkstilen und zur sozial freischwebenden Intelligenz, lassen den Gedanken zu einer Politik als mögliche Wissenschaft, erst einmal grundsätzlich bejahen. Er ist der Meinung, dass die gesellschaftliche Wissenschaftsdefinition umgestellt werden muss, sodass nicht nur die Politik als Wissenschaft, sondern auch noch andere bisher unentdeckte Wissenschaften ihren Weg in das Wissenschaftsgefüge finden. Mannheim erklärt dazu: "dass man in keinem Gebiet gerade mit jenen Wissenschaftlern in der Theorie fertig geworden ist, die irgendwie auf die Praxis ausgerichtet sind" (Mannheim 1995, S. 143). Das Problem wird ersichtlich, wenn man eine Wissenschaft zu lehren versucht, welche sich nahezu ausschließlich auf ihre Erfahrungen in der Praxis bezieht. Ein theoretisches Lehr-Grundgerüst kann auf diese Art und Weise nur sehr schwer aufgebaut werden. Durch die Miteinbindung der Praxis und der Erfassung der vorwissenschaftlichen Wissensgebiete von innen heraus, ist es möglich, die vorgegebene Wissenschaftskonzeption zu erweitern, damit diese auch sogenannte vorwissenschaftliche Gebiete umschließen darf. Der ganze Mensch muss gescheiter sein als der Theoretiker, denn der Theoretiker lässt ausschließlich das gelten, was seine Voraussetzungen auch gelten lassen. Das Wissen des Theoretikers kann in diesem Zusammenhang nur begrenzt sein, sodass er an einem gewissen Punkt, wo seine Voraussetzungen aufhören zu existieren, ebenfalls aufhört zu wissen. Nach Mannheim sollte eine Politik als Wissenschaft als ganzer Mensch stattfinden können, denn nur durch die Verbindung von Theorie und Praxis kann ein beständiger wissenschaftlicher Fortschritt erzielt werden. Das intellektualistische Weltbild besagt, dass nur das als wahr angesehen werden kann, was auch allgemeingültig ist. Die Zeit- und Raumanschauung ergab sich deshalb als erstes Fundament dieses Weltbildes, denn an dieser schien jeder

Mensch als Mensch auch teilzuhaben. Unabhängig von den unterschiedlichsten Weltansichten der Menschen, wird mit dem intellektualistischen Wissenschaftsbild eine Plattform geschaffen, auf welcher die unterschiedliche Weltanschauung eine Chance darstellt, den Zugang zu neuen Wissensgebieten zu offenbaren. Karl Mannheim betont den Aspekt, dass die Politik im Werden begriffen ist und durch die dynamische Entfaltung der gegeneinander wirkenden Kräfte geschaffen wird (vgl. Mannheim 1995. S. 149). Es ergeben sich in diesem Moment des Werdens zwei unterschiedliche Interpretationsweisen. Die erste Interpretationsweise besagt, dass die Politik als einseitig konstruierbar angesehen werden kann. Dies bedeutet, dass der Gedanke einer Partei als ausschlaggebend angesehen wird und sich die Mitglieder nach deren Gedanken richten. Die zweite Interpretationsweise beinhaltet, dass ein jeweils neu vorzunehmender Versuch einer Synthese von Denkstilen vorgenommen wird, damit von einem synthetischen Impuls aus, die dynamische Vermittlung angestrebt werden kann. Zusammenfassend lässt sich für diesen Abschnitt festhalten, dass nicht nur für die Eigenart des politischen Wissens eine unbedingte neue Definition des Wissenschaftsbegriffes von Nöten ist, um ein Wissen von der Praxis für die Praxis zu schaffen, sondern auch für andere Wissensgebiete, welche bisher noch nicht als solche erkannt wurden, oder über einen Status einer vorwissenschaftlichen Prägung nicht hinaus kamen.

5 Über die Mitteilbarkeit und die Darstellbarkeit politischen Wissens

Für die Mitteilbarkeit von politischen Wissen ist es sehr wichtig zu erkennen, dass hinter jeder Wissenschaft sich unterschiedliche Geistestypen verbergen. Diese können der Wissenschaft eine konkrete Gestalt geben und sie des Weiteren auch beeinflussen. Für die Politik ist eine Darstellung des aktuellen Realzusammenhanges von größter Bedeutung, denn nur mit einer adäquaten Betrachtung der existenten Wirklichkeit, kann politische Forschung betrieben werden. Es wäre ein Fehler, eine beschauliche Distanz zum politischen Geschehen aufzubauen und zu versuchen die Politik von außen her zu analysieren. Mannheim weist auf das Beispiel der Kunstgeschichte hin. Die Kunstgeschichte setzt sich in seinen Augen aus der Einstellung des Kunstkenners, des Sammlers, des Philogen und des Geistesgeschichtlers zusammen (vgl.

Mannheim 1995, S. 151). Eine neue Kunstgeschichte wäre seiner Meinung nach mit dem Wechsel der verantwortlichen Personengruppen möglich, sodass das nicht nur rein theoretisch gebundene Substrat, auch praktisch behandelt werden könnte. Überlässt man beispielsweise den Künstlern selbst die Möglichkeit Kunstgeschichte zu gestalten, so könnte eine ganz neue Kunstgeschichte geschrieben werden mit dem Hauptaugenmerk des Genusses der Kunst. Genauso wäre dies auch in der Politik möglich. Politik, welche von Politikern geschaffen wird und zugleich für das Feld der Politiker gedacht ist, hat den großen Vorteil, das sie den Bezug zur Realität bewahrt. Karl Mannheim nimmt eine Unterscheidung von dem Wissenschaftler und dem eigentlichen Praktiker vor. Der Wissenschaftler schafft seiner Ansicht nach eine schematische Ordnung und eine Übersicht, welche die künstlich geschaffte Ordnung zerlegt und analysiert. Im Gegensatz zum Wissenschaftler wird der Theoretiker von einer gegebenen Lebenssituation aktiv geleitet. Der Politiker gehört zu der Gruppe der Praktiker, denn er sucht die konkrete Orientierung in bestimmten Lebenssituationen und ist nicht wie ein Wissenschaftler auf eine schematisch ordnende Übersicht aus. Für die eigentliche Darstellung von den politischen Theorien gibt es laut Mannheim drei Möglichkeiten. Die erste Möglichkeit bezieht sich auf eine Typologie, welche sich aus der genauen historischen Zeit und der konkreten Situation in der Umwelt zusammensetzt. Es wird hierbei ein fester Rahmen geschaffen, welcher eine schematische Übersicht zu einer bestimmten ausschraffierten Fläche in der Geschichte darstellt. Es ist möglich die weiteren Entscheidungen nach diesem konkreten geschichtlichen Abriss, nämlich die Wege, welche in der Vergangenheit eingeschlagen wurden, genauer zu untersuchen. Der Realzusammenhang geht allerdings wieder mehr oder minder verloren, weil die Entscheidung für einen Weg aus einer spezifischen Situation heraus entsteht und die ursprünglich erstrebten Wege des Lebens verloren gehen. Mannheim stellt folgendes Problem der ersten Theorie dar: "Die Erlebnisformen kontemplativer Menschentypen werden in beiden Fällen willkürlich in die politische Wirklichkeit zurückprojiziert." (Mannheim 1995, S. 153). Der Zusammenhang von Theorie und Praxis kann auf diese Art und Weise nicht geschaffen werden. Die zweite Theorie bezieht sich auf das rein historische Gut. Der Vorteil dieses zweiten Weges ist, dass die zu untersuchenden Theorien nicht aus ihrer historischen Zeit herausgerissen werden und auf einer abstrakten Ebene miteinander verglichen werden. Der Fehler dieser Theorie kann

11

nur das zu starre Festhalten am historischen Kontext sein. Der Historiker bleibt so nah an der geschichtlichen Unmittelbarkeit haften, sodass seine Feststellungen und Untersuchungen jeweils nur für konkrete Situationen gültig sein können. Der dritte Weg ist nach Mannheim das Mittel zwischen den beiden zuvor dargestellten Extremen, also die Synthese von zeitloser Schematik und historischer Unmittelbarkeit. Dieser Weg versucht die aufkommenden Theorien und deren Wandel in engster Verknüpfung mit den Kollektivgruppen und typischen Situationen, sowie deren dynamischen Wandel zu erfassen. "Nur derjenige, der hinter einer historischen Situation, hinter einem historischen Ereignis die diese erst ermöglichende Strukturlage zu erfassen imstande ist, wird den Wandel des Geschehens sinnvoll weiterverfolgen können" (Mannheim 1995, S. 154). Der dritte Weg ist somit laut Mannheim der favorisierte Weg für die Politik. Es ist noch fraglich, wie politisches Wissen weitergegeben und weiterverarbeitet wird. Gerade in der liberal-bürgerlichen Politik zeichnete sich eine soziale Form ab, nämlich die des Klubs. Mit diesem Klub wurde eine Art Plattform geschaffen, wo einerseits soziale und parteiliche Auslese von Menschen stattfand, aber auf welcher man auch politischen Aufstieg bewerkstelligen konnte. Die durch das Kollektiv geprägten Willensimpulse sollten die Persönlichkeiten eines jeden Mitgliedes der Plattform stellvertretend für die Einzelnen darstellen. Um jedoch eine gewichtete Entscheidung in unserer Welt zu fällen, benötigt man nicht nur die bildungsrelevanten Voraussetzungen, sondern auch viel Fachwissen und vor allem Gesamtorientierung. Eine systematische Schulung scheint von Nöten zu sein, um diese Werte zu vermitteln. Mannheim stellt sich die Frage ob die Mitteilbarkeit politischen Wissens unbedingt auf eine Parteischule zurückgreifen muss. Die Parteischule scheint prädestiniert dafür zu sein, dass ein Wille in einer bestimmten Richtung gezüchtet werden kann. Die Mitteilbarkeit politischen Wissens wird durch parteiliche Willensentscheidungen sehr stark eingegrenzt. Es ist wichtig sich in diesem Zusammenhang immer ein eigenes Bild des Tatbestandes zu wahren. "Man muß nicht annehmen, dass nur gezüchteter Wille ein Wille und nur die revolutionäre oder gegenrevolutionäre Tat eine Tat ist" (Mannheim 1995, S. 160). Die Gefahr ist sonst einfach zu groß, sich an eine bestimmte politische Extremgruppe anzuschließen. Es scheint, als könnten die Zusammenhänge, welche sich im politischen Spielraum abspielen, am besten mit Realdiskussionen erfasst werden. Für die Politiker ist die offene

Auseinandersetzung mit politischen Gegnern über die Allgegenwärtigen Sachen die beste Möglichkeit die eigentliche Struktur des politischen Spielraumes näher kennenzulernen. In diesen Diskussionen sieht Mannheim den großen Vorteil, das durch die verbale Auseinandersetzung einmal alle Aspekte der sich bekämpfenden Klassen zu Worte kommen und des Weiteren ein genauer Zeitpunkt eingehalten wird, an welchem einschlagende Ereignisse ihre Gültigkeit im historischen Kontext verankern.

6 Die Umsetzung der Politik als Wissenschaft mithilfe der Wissenssoziologie

Mannheim ist der Meinung, dass die Frage, ob die Politik als Wissenschaft möglich sei, nur gelöst werden kann, wenn man die vorherrschenden Differenzen und Problemstellungen kritisch untersucht und anschließend eine möglichst zutreffende Lösung findet. Eine solche Analyse, welche die eigentliche Seinsgebundenheit und Standortsgebundenheit stets im Auge behält, welche die Darstellungsform von sozialen und aktivistischen Einstellungen erstrebt ist zu erfahren, eine solche ist die wissenssoziologische Analyse. (Vgl. Mannheim 1995, S. 163). Die Seinsgebundenheit versteht unter diesem Zusammenhang das Verbleiben in vorgegebenen, geschaffenen Grenzen, die durch Interpretationen von geistigen und kulturellen Objektivationen zustande kommen. Die wissenssoziologische Analyse lässt nach Mannheim immer noch drei Wege offen. Der erste Weg besagt: "daß politische historische Wissen stets seinsgebunden, standortsgebunden sich entfaltet, eben infolge dieser Seinsgebundenheit den Wahrheits- und Erkenntnischarakter dieser Wissensart völlig leugnen" (Mannheim 1995, S. 163). Dieser Weg ist allerdings nicht sonderlich erstrebenswert, weil die Gefahr zu groß ist, dass die eigentliche Erkenntnis der Politik als Wissenschaft von anderen Wissenschaftsgebieten abgeleitet wird. Es kommt somit keine eigene Wissenschaft mit keinem eigenen Erkenntnischarakter zustande, obwohl man bedenken muss, dass jede Wissenschaft einen ganz persönlichen Erkenntnischarakter besitzt, welcher die Unterscheidung von anderen Wissensgebieten darstellt. Der zweite Weg umschließt das Streben der wissenssoziologischen Analyse, bei jeder politisch-historischen Einsicht eine soziologische Gleichung herauszuarbeiten. Dies bedeutet laut Mannheim, dass die wissenssoziologische Analyse die Aufgabe besitzt, die wert-, standorts-, willensmäßig gebundenen Momente aus jeder konkret vorliegenden Erkenntnis herauszuschälen und die mögliche Fehlerquelle zu beseitigen. Es soll auf diesem Gebiet des wertfreien, übersozialen und gleichzeitig überhistorischen Charakters die Erstrebung von objektiv geltenden Gehalten im Vordergrund stehen. Für die Erforschung einer wertfreien Basis ist es wichtig, dass man die sozialen Gleichungen des Denkens miteinbezieht. Ohne die Erfassung der sozialen Gleichungen des Denkens, wird es nicht möglich sein, einen wertfreien Weg einzuschlagen. Diese Abhängigkeit der Forschung lässt den zweiten Weg auf der Suche der Möglichkeit einer Politik als Wissenschaft auch ausscheiden. Der dritte Weg sollte der Weg sein, welchem wir nach Mannheim einschlagen müssen. Man muss zuerst erkennen, dass bei dem Punkt, wo das rein Politische beginnt, die Werturteile auch nicht sonderlich weit entfernt sein können. Die in sich zu starre Verflechtung dieser beiden gegebenen Umstände kann nicht entzweit werden, denn Politik kann unter den erörterten Faktoren auch nur werturteilsgebunden sein. Die Politik kann zu einer Wissenschaft werden, wenn das historische Feld in seinem Aufbau leichter durchschaubar wird und wo andererseits aus der Ethik ein Wille aufsteigt, für welchen Wissen ein Wegbereiter zur eigentlichen politischen Tat darstellt. Ohne Entscheidung ist die Politik als Politik allerdings auch nicht möglich, deshalb muss man einerseits erkennen, dass Entscheidungen mit eingebunden werden müssen und andererseits das Hauptaugenmerk des politischen Wissens auf der dynamischen Vermittlung liegen sollte. Nach Mannheim wird das Blickfeld, von welchem man aus Sicht der Soziologie zu entscheiden hat, erweitert. Denn durch die immer weiter fortschreitende Erforschung des Zusammenhanges von sozialer Lage, des Willensimpulses und der dazugehörigen Sichtperspektive, kann der kollektivgebundene Willen weitestgehend genau berechnet und die sozialen Schichten vorhergesagt werden.

7 Kritische Würdigung

Durch die Wege der Wissenssoziologie scheint es tatsächlich möglich zu sein, gerade utopisches Denken und politisches Misstrauen zu überwinden. Diese Aufgabe übernimmt nach Karl Mannheim die freischwebende Intelligenz, die als Vermittlerin zwischen den Fronten, in unserem Falle zwischen Theorie und Praxis interagieren soll. Auch wenn die freischwebende Intelligenz in sich schlüssig erscheint, ist es für mich sehr schwer nachzuvollziehen, inwiefern sich die möglichen Mitglieder über ihre Mitgliedschaft bewusst sind. Des Weiteren fehlt mir eine gewisse Grenze, welche die Intellektuellen, die ja aus allen existenten Schichten stammen können, auch als solche umfasst. Die Probleme einer möglichen Lokalität für den Austausch der freischwebenden Intelligenz und der ständige dynamische Wandel in dieser Form machen sie keineswegs greifbarer.

Wenn die sozial freischwebende Intelligenz sich der Partikularität der Gesellschaft beispielsweise bewusst wird, wer ist dann berechtigt als Anker und Halt der Gesellschaft zu fungieren? Die lose Verbindung dieser Schicht, in welcher Bildung ja permanent vermittelt wird, macht es schwierig diese auch als Feedback an die Gesellschaft zurückzuführen. Doch welche Gesellschaft ist schon interessiert die Meinung einer Gruppierung zu berücksichtigen, wenn sie sich als solche keineswegs als existent zeigen, noch auftreten. Als Diskussionsfrage wählte ich in meinem Referat: "Kann die freischwebende Intelligenz als eine soziale Nische angesehen werden, in welcher sich Personen von konkurrierenden Parteien treffen, um auf ein gemeinsames Verständnis der gegenwärtigen Situation hinzuarbeiten?" Die freischwebende Intelligenz kann selbstverständlich nach den aufgezeigten Gegebenheiten als soziale Nische bezeichnet werden, in welcher sich Intellektuelle treffen, um über ein gegenwärtiges Verständnis der gesellschaftlichen Gegebenheiten zu diskutieren. Allerdings scheint mir das raum-zeitliche Fenster in unserer heutigen Gesellschaft als so gering, dass es kaum noch möglich sein kann, die Zeit zu finden, sich in einer Nische zu organisieren und Verständnisfragen zu klären. Mannheim erwähnte, dass die mittlere Schicht, als eine Art Vermittler zwischen den Extremen fungiert, weil sie sich von oben und unten bedroht fühlt. Übertragen wir nun diesen Gedanken auf die Parteikonstellationen, so kann man erkennen, dass auch die Extreme darauf angewiesen sind, eine Vermittlung zwischen den Parteien zu erstreben, sodass eine regierungsfähige Synthese von Parteien entstehen kann. Durch die Integration immer neuerer Parteien und die immer ausgewogenere Gestaltung der Sitzplatzverteilungen im Bundestag wird es in naher Zukunft von großer Bedeutung sein, dass sich die Parteien noch stärker voneinander abgrenzen und sich auf ihre eigenen Parteischulen berufen. Der geistige Austausch von Intellektuellen in einer freischwebenden Form der Intelligenz könnte meiner Ansicht nach kein einheitliches Verständnis mehr erzeugen. Der Beitrag der Wissenssoziologie zur politischen Orientierung kann dann zumindest aus

Werturteils- und handlungsfreier Sicht nur noch ein sehr begrenzter sein.

8 Literaturverzeichnis

Lehrbücher und Monografien	Kaesler, Dirk. 2006. Klassiker der Soziologie – Von Auguste Comte bis Alfred Schütz. 5. überarbeitete und aktualisierte Auflage. München 2000: Verlag C.H. Beck OHG
	Mannheim, Karl. 1995 (orig. 1929). Ist Politik als Wissenschaft möglich?. Ders.: Ideologie und Utopie. Frankfurt am Main: Vittorio Klostermann